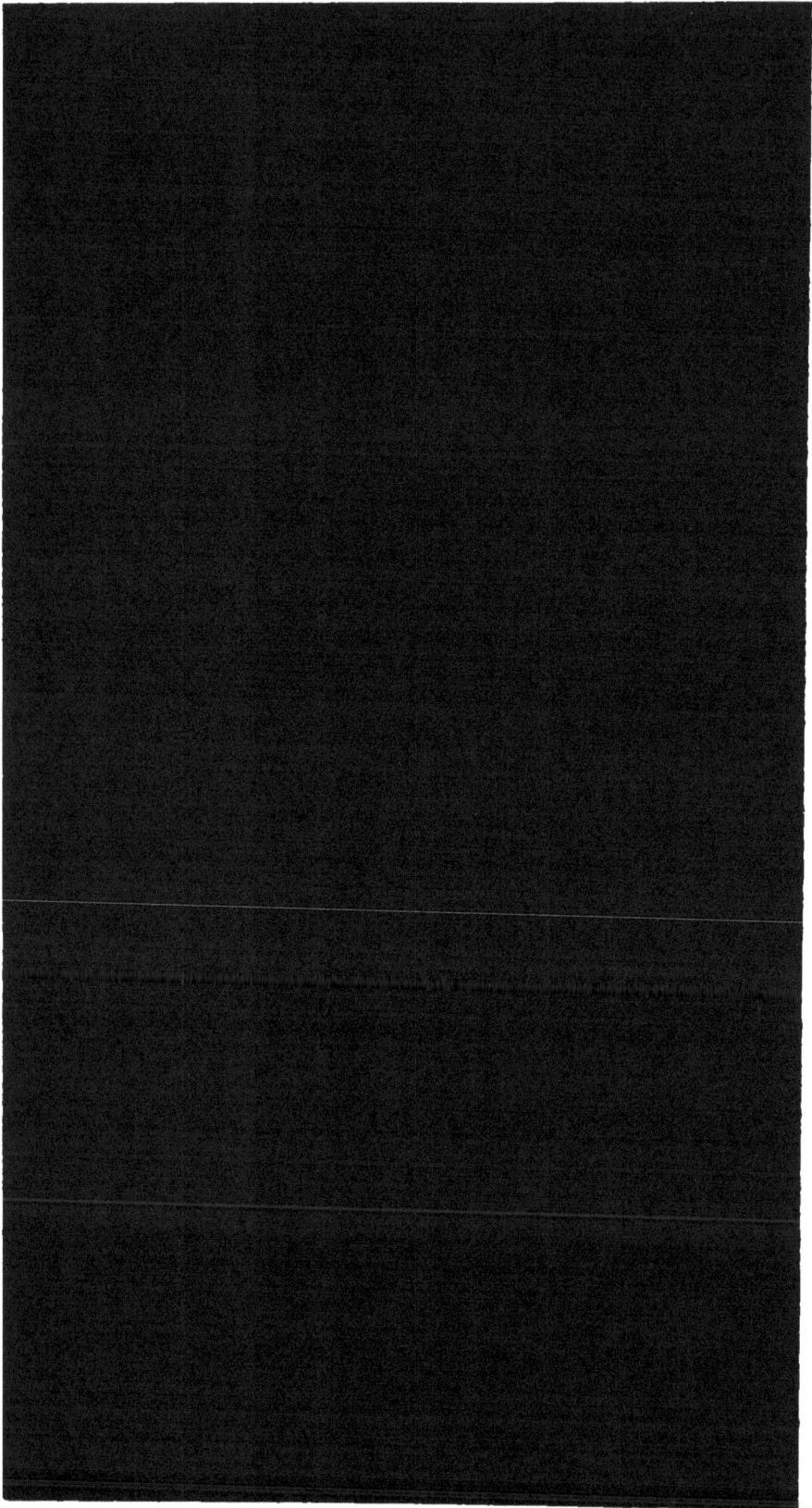

L'APOLOGIE DU COMMERCE,

ESSAI PHILOSOPHIQUE ET POLITIQUE,

AVEC DES NOTES INSTRUCTIVES;

SUIVI DE DIVERSES RÉFLEXIONS sur le Commerce en général, sur celui de la France en particulier, & sur les moyens propres à l'accroître & le perfectionner.

Par un jeune Négociant.

Puisse l'heureux lien des besoins mutuels,
Du Couchant à l'Aurore unir tous les mortels.

Poëme des Saisons.

GENEVE.

M. DCC. LXXVII.

DISCOURS PRÉLIMINAIRE.

QUELQUE multipliés que ſoient les intérêts qui diviſent les hommes, quelque beſoin qu'ils aient de travailler à l'avancement de leur propre fortune, il n'en eſt aucun à qui la douce image de la félicité publique n'arrache quelquefois des larmes d'attendriſſement. Si à ce ſeul aſpect l'homme ordinaire, malgré les ſoins qui l'environnent, ne peut être inſenſible, quels ſentimens n'éprouvera pas le vrai Citoyen; lui ! dont le cœur s'attendrit ou s'enflamme au ſeul nom de la Patrie!.... Il me ſemble l'entendre, proſterné à ſes pieds & lui tenir ce langage. « O ma chere Patrie ! ce » n'eſt point en vain que tu as » éclairé mes jours ; je ne venois » que de naître que tu m'inſcrivis » au nombre de tes Citoyens, &

» dès ce premier inſtant tu m'im-
» poſa la tâche des devoirs que
» j'aurois un jour à remplir ; par-
» venu à l'âge de la raiſon, tu fis
» entendre une voix au fond de
» mon cœur, qui me diſoit » :
Conſidere attentivement tous ceux qui t'environnent, ce ſont tes freres.... tes parens.... tes amis.... tu es également redevable & aux uns & aux autres, & ſaches que déſormais tu ne ſaurois être heureux ſi un ſeul de ceux-là peut te reprocher ſon indigence, ou même t'accuſer d'inſenſibilité. Telle fut la leçon que lui donna la conſidération de ſes ſemblables ; auſſi ſon cœur ſenſible y répondit ſoudain, avec cette franchiſe & cette généroſité qui caractériſent l'amour national. « O mes chers Concitoyens !
» s'écria-t-il, acceptez le foible
» ſacrifice que j'oſe vous préſenter,
» il eſt ſincere ! C'eſt ma propre
» ſatisfaction qui me l'inſpire. A

» votre félicité ſeule je conſacre
» tous les inſtans de ma vie; &
» périſſe plutôt mon nom de vos
» faſtes, ou même qu'il ſoit en exé-
» cration juſqu'à la derniere poſté-
» rité, ſi jamais je vous oublie ».

Tels ſont les devoirs que notre propre cœur nous dicte, & les obligations de tout homme qui entre en ſociété avec des autres hommes. Le vrai Citoyen trouve dans ſon cœur la récompenſe de ſes travaux: qu'on lui parle au nom de ſa Patrie, ſon ame généreuſe eſt capable de tous les efforts; les ſacrifices les plus chers ne peuvent l'arrêter; ſon repos, ſa liberté, ſa vie même ne lui appartiennent plus, tout eſt immolé à l'idole de ſon cœur. Si ce ſeul amour de la Patrie ſuffiſoit pour faire connoître les avantages du Commerce; ſi, pour en tracer l'éloge, il ne falloit que le feu & l'énergie des ſentimens, peut-être me ſeroit-il permis de concevoir quelque eſpoir de ſuccès ; mais à ces qualités naturelles il faudroit réunir des qualités auſſi ſublimes, celles d'Orateur & d'Écrivain célebre. Convaincu de mon inſuffiſance & de la foibleſſe de mon pinceau pour un ſujet auſſi intéreſſant, une ſeule conſidération a été aſſez puiſſante ſur mon cœur pour m'engager à pourſuivre. Être utile à ſa patrie, lui rappeller la ſource de ſes richeſſes, & de ſon bonheur, voilà les motifs qui me guident; & c'eſt là l'obligation de tout Citoyen, que dans les moindres objets qui l'intéreſſent il doit toujours obéir.

Quoi de plus propre à l'étendue & à l'accroiſſement du Commerce, que l'eſtime qu'on peut en inſpirer? La Nation Françaiſe, qui ſemble depuis quelque temps y fixer ſon attention, nous prouve la vérité de cette maxime. Long-temps le Commerce fut parmi nous ce qu'eſt encore de nos jours l'Agriculture, esclave & avilie; mais graces aux progrès de la raison, les préjugés se dissipent. Quel objet méritoit mieux l'attention des hommes! & quel sujet, par la diversité de ses tableaux, étoit plus digne de captiver l'esprit volage du Français! Le Commerce est comme un théatre où se succedent tour à tour les scenes les plus intéressantes, les révolutions les plus inattendues; c'est lui qui influe de la maniere la plus sensible sur les mœurs & sur le caractere des peuples. O vous, qui prenez soin d'éclairer les hommes, puissiez-vous ne vous lasser jamais de vous occuper de leur bonheur! C'est à vous que la Nation est redevable du goût qui la domine. Il ne falloit rien moins que les charmes séduisans de l'éloquence pour entraîner les esprits, & fomenter ce goût. Ils ont tant d'empire sur les cœurs ! pouvoit-on en faire un plus noble uſage ? Chez les Peuples inſtruits, les Lettres ſont d'une auſſi grande utilité que le gouvernail l'eſt au Pilote pour diriger ſa courſe ; elles cultivent les mœurs, détournent du vice ; elles nous inſtruiſent dans la proſpérité & nous conſolent dans les malheurs. Les Romains ſurent s'en ſervir à propos, tant pour louer que pour inſtruire, & c'eſt avec ce ſecours qu'ils formerent des grands hommes & des héros.

Il ſuffit de jeter un ſimple coup d'œil ſur ce mouvement continuel qui des extrêmités du globe entraîne tous les Peuples les uns vers les autres, pour entrevoir l'utilité & la néceſſité de ce vaſte concours. Je n'examinerai point ici ſi l'homme eût été plus heureux de mettre des bornes à ſon ambition, & de s'en tenir aux ſimples beſoins que la nature lui demande : quel avantage retirer des observations qui ne peuvent être que spéculatives ? Je ne considérerai point aussi le Commerce sous ce point de vue qui le fait entrevoir comme la source de tous les maux qui remplissent le monde : delà combien de déclamations inutiles & frivoles, & qui ne sont déja que trop répétées contre le Commerce ! Son histoire, il est vrai, nous présente quelquefois le tableau de nos calamités & de nos malheurs ; mais d'après la connoissance du caractere de l'homme, & des diverses passions qui agitent son cœur, pouvoit-on s'attendre à autre chose des projets de son ambition & de sa cupidité ? Les vices & les défauts ont-ils donc jamais été inséparables de la misere humaine ? Cette vie n'a-t-elle point toujours été une chaîne continuelle de bons & de fâcheux événemens, dont l'énorme confusion étonne, & semble ne devoir partir que de la main aveugle de la fatalité ? Seroit-ce par nos rêveries & nos ſpéculations que nous pourrions parvenir à changer le cours de ces révolutions qui peuvent nous paroître bizarres, mais qui ſont cependant dans l'ordre de la Sageſſe profonde qui gouverne tout ici-bas ? Hélas ! de combien d'erreurs notre raiſon n'eſt-elle donc pas ſuſceptible ! & c'eſt ſur-tout dans les objets qui nous retracent nos foibleſſes & nos atrocités, que nous prenons facilement le change, & que l'amour propre nous aveugle. Delà nous avons regardé le Commerce comme la ſource de tous les maux qui ont inondé la terre : ne ſeroit-ce point plutôt nos imperfections & nos mœurs que nous devrions accuſer ? Mais c'eſt ainſi que nous nous déchargeons le plus ſouvent de nos défauts ſur des cauſes qui étoient les plus capables de les réformer. Le Commerce vient ici frapper mes regards ſous un point de vue plus conſolant, & c'eſt d'après cette conſidération qui lui eſt naturelle, que je vais tracer ſon éloge.

PLAN DE L'APOLOGIE.

JE traiterai d'abord de l'utilité générale du Commerce, de celle du Négociant & de ses devoirs. Je dirai ensuite combien il influe sur la prospérité d'un État, combien il encourage l'Agriculture. Je me livre à quelques réflexions sur ce premier des Arts si bienfaisant & si méprisé ; & je finis par dépeindre les avantages d'une bonne Marine, en faisant l'histoire de sa naissance & de ses progrès jusqu'à nos jours. Qui mieux qu'elle pourroit contribuer à faire l'éloge du Commerce, puisqu'elle en est la source & le soutien ?

L'APOLOGIE
DU COMMERCE,
ESSAI PHILOSOPHIQUE
ET POLITIQUE.

SI nous n'étions point déchus de la perfection primitive dont nous doua le Créateur, le ſentiment ſeul auroit été un lien aſſez fort pour nous maintenir dans une union parfaite : tous ſils d'un même pere nous n'aurions eu qu'à ſuivre le penchant du cœur, & le flambeau de la raiſon. Mais depuis que notre deſtinée a changé, & que les paſſions ſe ſont jointes à nos vertus, il a fallu des Loix qui en impoſaſſent à nos ſens, & qui nous devinſſent communes; telles ſont celles de l'intérêt & du beſoin. Auſſi d'un pôle à l'autre l'Architecte du monde s'eſt-il joué à répandre ſes tréſors

& ſes richeſſes. Pouvoit-il établir des Loix plus ſages, pour lier l'homme étroitement à ſon ſemblable, qu'en diſperſant ainſi ſes dons dans les différentes contrées de l'univers ? Delà eſt venue cette étroite néceſſité de ſe communiquer les uns aux autres ; delà ce merveilleux accord qui regne ſur la terre, qui enchaîne les Nations, qui fait la gloire, la ſplendeur des États, & le bonheur des Citoyens ; delà enfin, cette communication des ſciences & des beaux-arts, & cette étroite liaiſon de l'utile & de l'agréable, ſi néceſſaire à la félicité du genre humain. C'eſt par cette chaîne de beſoins réciproques que l'univers entier ne forme plus qu'une ſeule Ville, & tous les hommes qu'une immenſe famille diſperſée ſur la ſurface du globe.

Le Commerce eſt le puiſſant reſſort qui opere tous ces prodiges, qui pour mériter ce glorieux triomphe, s'eſt tranſporté chez les Nations barbares, a vaincu l'oppoſition des glaces & des frimats, & ſurmonté les obſtacles les plus puiſſans. C'eſt par lui que les deux hémiſpheres ſe ſont réunis, que tous les royaumes ſont devenus puiſſans, & que les denrées & les raretés des différens climats ſont devenues communes à toutes les Nations : richeſſes du Pérou, raretés des Indes, fruit précieux du Nouveau Monde, tout s'offre pour nos beſoins ; l'Arabe & le Perſan ; l'Aſiatique & l'Africain ; tous les Peuples connus ſe communiquent leurs travaux & leurs productions naturelles. Les Nations diſperſées (A) ne font plus qu'une ſociété de Citoyens qui s'entr'aident mutuellement, & nos Villes, autrefois triſtes & déſertes, ſont devenues par ſon ſecours des Cités brillantes & peuplées. Quel ſpectacle ! Qui entretient ainſi cet heureux accord entre tous les Peuples ? Quel eſt celui qui a ſu braver les élémens en fureur, pour aller ſous un ſoleil nouveau chercher des richeſſes inconnues ? Ne nous y trompons pas : c'eſt ce Négociant, cet homme utile, conduit par le génie de la gloire & d'une ambition utile ; c'eſt lui qui eſt devenu le moteur de toutes ces merveilles, qui répand par-tout l'abondance, & qui ſert par l'étendue de ſes opérations, non ſeulement ſa patrie, mais l'univers entier. Il ſert l'univers, en excitant en tout lieu l'induſtrie & les arts, en fourniſſant aux beſoins ou aux goûts des Peuples avec leſquels il peut avoir quelques rapports. Au ſein de ſa Patrie, ce bienfaiteur du monde répand l'aiſance & le bonheur ; le pauvre y trouve des travaux qui ſoulagent ſa miſere ; l'artiſan le ſoutien de ſa vie ; le riche, le curieux leur ſatisfaction ; & les arts de l'encouragement (B). Pour des biens ſi univerſels, & ſi avantageux à la ſociété, quelle récompenſe recevra ce diſpenſateur bienfaiſant ? Preſque toujours un intérêt caſuel, & tous ſes biens ſont livrés pour lui à la merci de l'infortune & des haſards. Si parmi ces Citoyens utiles il en eſt qui goûtent les douceurs de la fortune, hélas ! combien en eſt-il qui en ont eſſuyé les plus cruels revers, & qui n'éprouvent chaque jour que cette Déeſſe aveugle & bizarre ne ſignale le plus ſouvent ſon pouvoir que par le nombre de ſes injuſtices & de ſes fo faits. Vous donc ! qui procurez tous ces biens, ſeriez-vous quelquefois affligé par des pertes & des malheurs ! alors cherchez votre récompenſe, plus dans le bonheur de vos ſemblables, que dans l'abondance de vos tréſors. Un bon Citoyen trouvera toujours dans le ſentiment de ſon utilité ſa plus grande ſatisfaction.

Si on conſidere tous les objets qu'embraſſent les opérations du Négociant, on verra que ſa profeſſion exige une étendue de connoiſſances aſſez difficile à acquérir. Mœurs des Peuples, caracteres des Nations, productions des différens climats, ſituation des lieux, dangers des routes, loix, coutumes, uſages des différens Pays, il ne doit rien ignorer; par conſéquent réunir enſemble les qualités de Juriſconſulte, de Négociateur & de Politique. La bonne foi doit toujours le guider dans ſes traités, mais il faut qu'il ſoit éclairé & vigilant, afin de prévenir la fraude & le menſonge. Lié d'affaires avec les hommes de toutes les contrées, il doit connoître le reſſort caché des différentes paſſions, les ſurpriſes, les brigues & les pieges de l'intérêt. Enfin, comme élevé au deſſus du globe, ſa vue doit en parcoucourir toute la ſurface, en appercevoir tous les changemens : telle eſt l'étendue de l'hémiſphere où doivent placer la prudence & le génie du Négociant pour le conduire & le préſerver.

Un des principaux avantages du Commerce eſt d'influer ſur la proſpérité des États. Qu'on jette les yeux ſur l'Europe entiere, les Royaumes n'y ſont puiſſans qu'à proportion de l'étendue de leur Commerce, quand il a la liberté, & la protection des Rois : c'eſt un mur d'airain qui aſſure le bonheur des Citoyens, conſerve la Patrie, & y entretient l'abondance.

Le Commerce fait mettre en valeur toutes les productions de la nature. Dans tous les temps ç'a été à ſon accroiſſement ou à ſa décadence que les différens Peuples ont dû leur force ou leur foibleſſe. Il répand l'aiſance dans toutes les claſſes de la ſociété, & fournit toujours à l'Etat des moyens faciles pour remplir ſes tréſors. Combien de fois dans les temps malheureux n'a-t-on point vu la richeſſe des Particuliers devenir ſa reſſource & ſon ſoutien ? C'étoit le Commerce qui produiſoit cette abondance : mais qu'eſt-il beſoin de raſſembler des preuves ? ouvrons les annales de l'Hiſtoire, nous y verrons ces vérités atteſtées par l'expérience de tous les temps.

Tranſportons-nous dans ces temps reculés où l'Europe n'étoit qu'un théatre de diviſion & de diſcorde, où Charles VII épuiſé, la maiſon de Bourgogne vouloit s'emparer du trône : dans ces circonſtances fâcheuſes, il eſt un Citoyen (C) opulent qui tient à ſa patrie, il n'en faut pas davantage ; inſtruit des malheurs qui la menacent, ſon cœur s'enflamme, il porte des ſecours, humilie l'uſurpateur & aſſure la couronne à ſon Roi. Un ſervice ſi généreux, & qui fit le ſalut de la France, devroit bien ſans doute lui être auſſi cher que les conquêtes des TURENNE & des CONDÉ.

Venons à une époque moins éloignée : deſcendons au ſiecle de LOUIS LE GRAND, ſiecle fameux qui a vu naître avec lui la gloire des Français; mettons ſous nos yeux ces temps critiques, où une chaîne d'événemens malheureux avoit épuiſé les finances de l'Etat; dans une ſi triſte ſituation, il s'éleve un orage qui vient en augmenter les rigueurs (D). Une ligue ſe forme pour dépoſſéder Philippe V de la Couronne d'Eſpagne où Charles II venoit de l'appeller; Louis XIV alloit voir ſon petit-fils déchu de ſon héritage; l'Eſpagne alloit devenir la victime de l'injuſtice : dans une extrêmité ſi fâcheuſe, quelle ſera donc ta reſſource, ô France ! ô chere Patrie ! Ah ! c'eſt ici que nous allons découvrir de nouveau les avantages du Commerce. La ville de Saint-Malo (E), qui vient d'éprouver dans ſon Commerce l'effet puiſſant de la protection des Rois, va en témoigner ſa reconnoiſſance par le retour le plus généreux. Des Compagnies de Négocians s'animent mutuellement pour secourir leur Patrie; ils rassemblent avec ardeur les fruits de leur vigilance & de leurs travaux; animés de ce feu patriotique qui fait les vrais Citoyens, ils volent au pied du Trône, & par un acte de générosité incomparable, ils font, dans ces temps critiques & malheureux, le bonheur des deux Nations. Grand Roi! que vous fûtes digne d'un amour si généreux! Et vous, Citoyens vertueux, quel exemple ne laissez-vous point à votre postérité! Rome mettoit sa gloire à immortaliser ses grands hommes & ses Héros; elle en fit une partie de ses triomphes: Nation Française! si tu suis un tel exemple, si tes Orateurs s'occupent à chanter l'amour de la Patrie, les belles actions des Héros, les services des Citoyens, la postérité sans doute admirera ta gloire & ta grandeur!

Louis le Grand connut tous les avantages du Commerce, & par la protection & la liberté qu'il lui accorda, il affermit cette colonne de l'Etat qui étoit si foible sous ses prédécesseurs. Le Commerce est un esclave poursuivi & échappé des fers, il parcourt les différentes parties du monde, & il fixe son séjour où il trouve la liberté (*) & la considération qu'il mérite. Louis XIV connut l'importance de cette vérité, & son siecle nous en fournit des preuves qui attireront à jamais notre juste reconnoissance.

Le Commerce qui enrichit l'Etat & met l'abondance dans le palais des Rois, répand également ses bienfaits sur les toits de l'utile Laboureur. Le Commerce deviendra pour lui la boussole de ses travaux : dans les années d'abondance, s'il est assuré de déboucher le superflu de ses récoltes, il redoublera ses peines & n'épargnera point ses sueurs ; son activité lui procurera de nouveaux champs ; l'Agriculture sera encouragée ; la terre se couvrira d'abondantes moissons, & deviendra fertile en productions de toutes especes. Aussi pendant le désastre des guerres, temps malheureux où le Commerce est sans vigueur, pourquoi voit-on l'Agriculteur devenir peu à peu foible & languissant, le Laboureur quitter ses sillons ? c'est la difficulté de déboucher le produit de ses terres ; cette extrémité fâcheuse enfante la négligence, &

(*) Cette comparaison du Commerce est pleine de force & de justesse ; je l'ai trouvée dans quelque Ouvrage dont je ne me rappelle point : il n'est pas donné à tout le monde d'en faire d'aussi frappante.

cette négligence la misere. Le Commerce devient également l'unique ressource du Laboureur, dans les années de disette où il a vu périr ses moissons. Eh ! alors où trouveroit-il sa subsistance, si le Commerce n'alloit chercher des secours à son indigence dans des climats plus fortunés ?

L'Agriculture, cet Art essentiel & primitif, est inséparablement lié avec le Commerce ; elle en est la véritable source ; c'est elle qui par la diversité de ses productions lui donna l'origine, & chaque jour elle cimente l'union bienfaisante qu'elle a établie parmi les hommes, en remplissant leur besoins mutuels. On n'ignore point tous ces avantages, & on connoît les abus qui en arrêtent les progrès, cependant, ô fatalité inconcevable ! le Laboureur, soutien de l'humanité, lui qui est le dépositaire du premier des Arts, ne trouve presque parmi nous qu'un triste esclavage, & un honteux mépris. Que sa condition est dure ! il supporte toutes les peines de la vie ; les rigueurs de l'hiver comme les chaleurs brûlantes de l'été ; c'est par ses fatigues & par ses sueurs que l'abondance réjaillit dans le sein du Riche, ainsi que dans la maison licencieuse de la volupté ; & pour récompense de tous ces biens, le dirai-je ! il ne lui reste le plus souvent pour soutenir son existence qu'un aliment dégoûtant & grossier ! Que cette misere des campagnes est touchante ! & que celui-là est malheureux qui s'y trouve insensible ! Ne craignons point d'y fixer trop long temps nos regards : les ames généreuses & sensibles ne les détournent point à la vue des malheureux ; elles les recherchent au contraire pour les soulager & s'attendrir. O vous ! qui êtes de ce petit nombre, venez les fixer sur le plus touchant des spectacles ! Approchez de cet asyle humiliant & à peine couvert de chaume. Cette seule demeure effraie vos regards ! n'importe. Pénétrez dans son enceinte ; visitez les timides Habitans de ce séjour de pauvreté & de tristesse : ô quelle image frappante de l'humanité malheureuse & languissante ! Mais hélas ! que de maux viennent encore se dévoiler à mes yeux ! ô surprise ! ô douleur ! quel tableau effrayant des horreurs de l'indigence ! Une foule d'enfans infortunés me font entendre les cris plaintifs qu'ils poussent auprès d'une mere encore plus infortunée ! abandonnés de leurs semblables, ils manquent des besoins les plus nécessaires ! Les uns ne sont que de naître, les autres vont atteindre le printemps du bel âge, & déja ils éprouvent que la vie eſt un fardeau ! Leurs yeux ſont larmoyans, leurs joues pâles & livides, & leur voix peut à peine ſe faire entendre ! ..... O Riches ! quelle puiſſante leçon ! Ah ! ſi l'illuſion des proſpérités n'a point éteint en vous le flambeau du ſentiment; s'il vous reſte encore un cœur ſenſible, ſecourez vos freres, & faites des heureux ; c'eſt le plus pur des plaiſirs : il eſt bien au deſſus des vaines jouiſſances de l'opulence & de la grandeur. La bienfaiſance & l'humanité ſont les ſeules vertus, les ſeuls plaiſirs de la Divinité : ils peuvent devenir les vôtres. Seriez-vous inſenſibles à tous les charmes qui les accompagnent ?

Si on veut détruire les obſtacles qui retardent la perfection de l'Agriculture, qu'on faſſe ſentir à nos Payſans la nobleſſe de leur état ; que les riches Propriétaires, au lieu de ſemer avec profuſion leurs revenus dans une Capitale, ou une grande Ville, aillent en répandre une partie parmi ceux qui fécondent leurs terres & leurs champs, qu'ils les inſtruiſent & qu'ils ne dédaignent point quelquefois l'exemple du travail : c'eſt le plus ſûr moyen d'encourager l'Agriculture.

S'ils

S'ils veulent des exemples, qu'ils sachent qu'il est encore de nos jours un Monarque puissant (F) qui solemnise tous les ans dans ses Etats une fête à l'honneur de l'Agriculture, & ce jour il quitte l'éclat du trône pour conduire lui-même la charrue. Imitons la judicieuse Antiquité : que ses sentimens étoient bien différens des nôtres ; & que nos préjugés à cet égard lui paroîtroient barbares ! Chez elle le Conquérant au retour des combats ne croyoit point perdu le sentier de la gloire ; l'Agriculture lui en présentoit un dans la culture des champs ; & on le voyoit, suivant les avantages & les besoins de l'Etat, de Laboureur devenir Guerrier, & de Guerrier Laboureur.

Pour accomplir l'éloge du Commerce il reste à nous arrêter sur le plus frappant de ses spectacles, la Marine, & à jeter un coup d'œil rapide sur ses révolutions & ses effets : elle semble accuser l'homme d'audace & de témérité. Qu'il est beau de voir celui que la nature semble avoir uniquement fait pour commander sur la terre, vouloir encore étendre son empire sur la vaste étendue des mers ! Qu'il est beau de le voir, à l'aide de quelques planches rassemblées, braver la fureur des tempêtes & des orages, &

traverſer en héros des abymes effroyables ! O homme ! que la hardieſſe de tes projets nous prouve bien la perfection de ton être ! Roi de la nature entiere, l'étendue de ton génie, le ſuccès de tes étonnantes entrepriſes ont ſoumis tour à tour la terre à ton empire, & la fureur même des flots qui ſembloit oppoſer une barriere à ton audace, a reconnu ta puiſſance & ton autorité.

L'homme ainſi maître de l'univers, eſt devenu le bienfaiteur des autres hommes épars & abandonnés ſur le reſte du globe ; les Peuples barbares ont policé leurs mœurs ; les connoiſſances ont percé dans tous les climats & par-tout où il y avoit des hommes ; les ſciences & les arts s'y ſont répandus, & c'eſt à cette communication générale que nous devons leurs progrès & leur perfection. Mais conſidérons la Marine dans elle-même ; enſuite nous parcourrons la chaîne de ſes révolutions, ſes chûtes & ſes progrès.

Perſonne n'ignore que la Marine ſoit indiſpenſable pour le ſoutien d'un Etat. Dans un grand Royaume elle y excite l'émulation, & encourage le Commerce; c'eſt une barriere impoſante qui attire le reſpect & la crainte des voiſins. Des Flottes ſuperbes & nombreuſes ſont les trophées des Rois, elles annoncent véritablement leur gloire & leur grandeur. Themiſtocle parmi les Grecs, & le grand Pompée chez les Romains, en connoiſſoient tellement l'importance, qu'ils diſoient « qu'on ne pouvoit ſûrement dominer ſur la terre, ſi auparavant on n'étoit le maître des mers ». En parcourant l'Hiſtoire, nous allons voir que toutes les Villes & les Nations qui ont joué le plus grand rôle avoient une Marine active & floriſſante.

Son origine ſe rapporte aſſez communément aux Egyptiens : poſſeſſeurs d'un vaſte Pays, enflés de leurs richeſſes naturelles, ils porterent leur nom aux extrêmités de la terre. Le Commerce fit toute leur gloire & leur grandeur. De nos jours, les Chinois, Peuples actifs & induſtrieux, quelles reſſources ne puiſent-ils point dans la Navigation (G)? Leur vaſte Pays, par le ſecours des canaux & des réſervoirs, offre une chaîne de communication des plus utile ; ils ont des Villes entieres ſur l'eau, qui les tranſportent où le beſoin & l'intérêt les appellent.

En fixant nos regards ſur l'Antiquité, par-tout nous y verrons la Marine triomphante. Tyr par ſa puiſſance s'acquit le glorieux titre de Reine des mers; Athènes devient la rivale de Rome (H); Carthage répand l'effroi dans l'univers, & semble pendant long-temps en disputer l'empire; Rome même ne devient riche & puissante qu'après avoir équipé des Flottes; enfin Alexandre le Grand, après avoir ruiné Tyr, & fait trembler Carthage, ébloui de la rapidité de ses conquêtes, il reconnoît l'inutilité de ses triomphes, s'il n'a recours pour les soutenir, à la Marine & au Commerce: c'est cette considération qui le porte à la fondation d'Alexandrie, qu'il destine à une vaste Monarchie. Cette Ville par sa position heureuse, étoit bien propre à seconder ses vues & ses projets; mais celui de qui dépend le destin des grands hommes & des Empires, le priva de cette gloire; il mourut avec le seul titre de Héros, au lieu qu'il eût acquis celui de Souverain (titre glorieux & si digne de l'ambition des Rois).

Si nous voulons de nouvelles preuves, pour reconnoître l'influence de la Marine sur le Commerce, considérons Venise, cette Ville encore aujourd'hui si fameuse, sortie des fanges d'un marais; elle a fait trembler l'Orient par sa puissance, & enrichi l'Occident par son industrie &

ſes travaux. A quel degré de gloire ne parvint point la Turquie ſous le regne de Soliman, quand Dragut & Barberouſſe en commandoient les Flottes ! Si nous fixons nos regards ſur l'Europe, nous verrons que tous les Etats qui ont étendu leur Marine ſont devenus riches & puiſſans. L'Eſpagne par ſon ſecours a étendu ſes conquêtes & ſes poſſeſſions dans les quatre parties du monde. L'Angleterre (en ce genre ſupérieure à toutes les Nations) a ſouvent fait pencher la balance de l'Europe ; elle n'a dû ſa puiſſance qu'à ſa Marine qui a toujours été conſtamment floriſſante. La Hollande qui ſembloit réduite à la pauvreté & à l'eſclavage par la ſtérilité de ſon terrein & par les inondations de la mer, a trouvé dans la Navigation ſa richeſſe & ſa grandeur. En France, la Marine fut long-temps comme tout le reſte en butte aux caprices de l'inconſtance ; chaque ſiecle y produiſoit quelques révolutions ; preſque toujours on la voyoit naître ou diſparoître tour à tour. Sous la premiere Race de nos Rois, elle ne fut que très-peu connue, ou ne fit que de bien foibles progrès. Elle fut ranimée ſous Charlemagne qui en connut la néceſſité ; il préſerva la France des inondations du

Nord qui furent si funestes après lui. Pourquoi les grands hommes ne trouvent-ils point des successeurs qui leur ressemblent ? il régneroit sans doute bien plus de perfection dans l'univers ; mais à peine les projets de réforme sont-ils conçus & les travaux commencés, que le temps les bouleverse & les détruit. Les grands hommes disparoissent, & plusieurs siecles ne suffisent pas pour les remplacer : delà les chûtes funestes, la décadence des Etats ! Après Charlemagne la Marine resta long-temps négligée, elle se réveilla sous Louis XIII, où elle trouva Richelieu pour protecteur & pour appui. Sous Louis XIV elle fut poussée à cette supériorité de gloire qui caractérise ce siecle ; le nom Français fut porté dans les contrées les plus éloignées ; soutenue par de grands hommes & de grands Capitaines, elle attira à la France la vénération & le respect de tous ses voisins. La Marine & le Commerce n'ont pas moins été encouragés sous Louis XV, ce Prince qui mérita par tant de titres le nom précieux de Bien-Aimé ; il en connut toute l'importance, & s'ils ne furent pas portés au point où il auroit voulu les faire atteindre, accusons les révolutions

& les malheurs dont ſon regne fut long-temps agité. Sa perte répandoit partout la conſternation & la douleur, & le Français ſenſible verſoit encore des larmes ſur les cendres de ſon Roi, lorſque le Ciel dans ſa bonté vint réparer nos maux, & placer ſur le trône glorieux des Français le plus juſte & le plus bienfaiſant des Rois, LOUIS XVI. Déja nous avons reſſenti les plus tendres effets de ſon amour (I), tout en lui ſurpaſſe nos eſpérances, chaque jour ſemble ſe ſignaler par de nouveaux bienfaits, & la Nation dans l'ivreſſe de ſa reconnoiſſance & de ſon amour, ne parle plus de ſon Roi que comme d'un Pere tendre & d'un Ami généreux.

Le Commerce a fixé ſes premiers regards : déja par les diſpoſitions les plus ſages & les mieux réfléchies, il lui a accordé la liberté & la protection qui lui ſont ſi néceſſaires. Notre Marine qui étoit foible a été réveillée de ſon aſſoupiſſement : déja elle annonce la gloire & la grandeur de ſon nouveau Maître, & nos voiſins qui la voient accroître & agrandir d'un œil de jalouſie, apprennent de nouveau à la craindre & à la reſpecter. Nos Vaiſſeaux Marchands peuvent avec aſſurance courir le vaſte ſein des mers, & étendre leur Commerce dans les Régions les plus lointaines ; ils ont un protecteur puiſſant & un appui ſolide qui les encourage. Que n'ai-je cette éloquence rare, ces traits énergiques, que tant de merveilles ſemblent exiger de l'Orateur qui entreprend de les décrire ! Mais puiſqu'une telle gloire ſe trouve ſi au deſſus de mes talens, je me renferme dans les bornes qu'ils me preſcrivent, heureux de terminer cet éloge à une époque ſi favorable. Je finis avec la douce ſatisfaction d'avoir donné la plus flatteuſe eſpérance à ma Patrie, de m'être occupé de ſon bonheur, & d'avoir rempli auprès d'elle le devoir précieux de Citoyen.

RÉFLEXIONS DIVERSES

SUR le Commerce en général ; sur celui de la France en particulier ; & sur les moyens propres à l'accroître & à le perfectionner.

LE Commerce est l'échange que fait un Pays du surabondant de ses productions pour le surabondant des productions d'un autre Pays ; ce n'est uniquement que le surabondant, parce qu'il n'y a que lui seul qui soit l'effet commerçable, & qu'on ne se défait jamais d'une chose dont on a besoin.

Il ne suffit pas de faire cet échange, pour que la masse des richesses augmente dans un de ces Pays commerçans, car il se pourroit très-bien qu'un Peuple commerçât continuellement avec un autre Peuple, & qu'il se trouvât toujours au même période de fortune ; & ce seroit dans le cas qu'ils se fourniroient l'un à l'autre uniquement ce qui est nécessaire à leur consommation : on conçoit très-bien alors que ces Peuples n'auroient aucunes richesses réelles. Il faut donc de plus que cet échange fournisse aux uns & aux autres un surcroît à leur consommation.

C'est ce surcroît qui circule entre les mains des différens Peuples, qui fera toute leur richesse; c'est lui qui est comme le levain du Commerce, qui excite l'ambition chez les uns, l'industrie chez les autres; c'est lui qui donne naissance à diverses branches de Commerce, multiplie les besoins, & fait mettre tout en valeur.

Si dès le premier moment que les Peuples ont eu des communications entr'eux, le Commerce eût été livré à la liberté qui lui étoit naturelle, on auroit vu sur les surfaces du globe une juste répartition de toutes les richesses qui circulent. Les différens besoins des hommes, la nécessité de se communiquer les productions de leur génie ou de leurs travaux, auroit mis un juste équilibre entre les Nations; par-tout on auroit vu les denrées réduites à leur vrai prix; on n'eût point éprouvé les vexations du monopole, il auroit été inconnu; une trop grande concurrence n'eût point été à craindre, elle se seroit proportionnée aux circonstances & aux besoins ; un Peuple n'auroit pas ressenti les horreurs de la disette, pendant que l'autre auroit nagé dans les délices de l'abondance, tout eût été également commun à tous les Habitans du globe ; tous les hommes auroient pu sans obstacles donner un libre cours à leur génie & à leurs talens, tous jouiroient à peu près d'un bonheur égal : alors on n'eût point vu cette si grande disproportion dans les fortunes, qui entraîne toujours avec elle le luxe & la misere. Les Peuples qui auroient joui d'un sol fertile eussent profité de tous les dons de la nature & cultivé leurs terres avec soin ; ceux au contraire qui n'auroient eu qu'un sol aride y auroient suppléé par l'industrie ou par les arts ; ils auroient donné dans l'invention, dans les agrémens, & se fussent dédommagés par-là de l'ingratitude de leur sol. Les Peuples chez qui regne l'abondance auroient eu recours à ces Peuples industrieux, & les productions des terres auroient été données en échange pour les productions des arts : la bonté du sol auroit été pour les uns la source de leurs richesses & de leur Commerce, & l'industrie chez les autres auroit produit le même effet. Tel eût été le Commerce dans ſon état de nature, & s'il eût joui par-tout d'une liberté entiere.

Mais quelle différence de ſon état actuel! & combien n'eſt-il point éloigné de cet équilibre parfait où une liberté générale & entiere auroit pu l'établir? La jalouſie des Nations eſt de tous les maux celui qui lui a été le plus funeſte. A peine les hommes ont-ils été liés par la néceſſité & les beſoins qu'ils avoient de communiquer enſemble, que l'ambition de s'agrandir & de s'élever les a porté à ſe nuire les uns aux autres; cette utilité réciproque qui étoit le motif le plus capable de les unir, eſt devenu au contraire pour eux la ſource de tous les maux: c'eſt cette ambition funeſte qui a porté le plus fort à prévaloir ſur le plus foible, & le foible à ſon tour en a fait de même lorſque les circonſtances l'ont favoriſé. Telle a été dans tous les temps la conduite des différens Peuples. Delà cette protection que chacun a voulu accorder à ſon Commerce, aux dépens de celui de ſes rivaux; chacun y croyoit trouver ſon avantage, mais c'eſt tout le contraire. Cette jalouſie qui donnoit lieu à ces faveurs particulieres n'a enfanté que des maux qui ont été contraires au Commerce & en ont dérangé l'équilibre.

Les

Les prohibitions, les douanes, les péages, les impôts ſur l'induſtrie, ſur les conſommations, qui gênent par-tout le Commerce, en ont été le fruit. Le Commerce eut des entraves de tous les temps. Chez les Romains même, qui nous ſervent de modele à tant d'égards, de quelle ſévérité n'étoient point les Loix contre les infracteurs des droits de douane? Elle alloit juſqu'à la confiſcation de tous les biens de ceux qui y contrevenoient. Quel malheur n'étoit ce point chez eux de n'être qu'Etranger? Ils vivoient dans la plus grande contrainte, on les chargeoit de toutes ſortes de droits, les ſeuls Citoyens Romains en étoient exempts; & quelle protection ne falloit-il point pour y parvenir? Chez d'autres Peuples auſſi anciens, les Loix étoient encore plus ſéveres. Dans Diogene Laërce (*), Bion raconte à Antigonus Gonatas l'événement arrivé à ſon pere & à ſa famille. Mon pere, dit-il, s'étant rendu coupable de prévarication envers les Publicains fut vendu, lui & toute ſa famille.

Les exactions des Publicains qui étoient prépoſés pour la levée des impôts pa-

(*) *Lib. IV. In vita Bionis.*

roissent encore avoir été plûs grandes que celles des Fermiers de nos jours, & les Négocians de ce temps-là ne paroissent point avoir été moins scrupuleux qu'ils ne le sont aujourd'hui. L'ambition des uns semble être la suite de la fraude des autres : ces deux maux sont liés ensemble ; on ne peut guere remédier à l'un sans augmenter l'autre. Il faudroit commencer par s'assurer de la bonne foi des hommes, & trouver le moyen de faire observer ce principe, qu'il faut rendre à César ce qui appartient à César. Si on pouvoit y parvenir, l'Etat pourroit alors se convaincre aisément de l'inutilité des Fermiers, ainsi que de cette troupe affamée de Suppôts qui vivent aux dépens du Peuple : il est aisé de crier à la réforme, mais il n'est pas aussi aisé de la faire. Combien y a-t-il de maux sur lesquels on n'ose appliquer des remedes, dans la crainte où l'on est de les aigrir plutôt que de les détruire ; il n'y manque cependant point de Charlatans, ni même de Docteurs, qui ne vous offrent tous des moyens infaillibles.

Le Commerce peut sans doute acquérir quelques degrés de perfection qui lui manquent ; chaque Gouvernement aura à cet égard des Loix particulieres pour y réussir ; & ces Loix seront faites d'après les circonstances des temps & des lieux. Il est impossible que ces Loix soient par-tout les mêmes. Chaque Peuple a ses habitudes & des intérêts divers ; c'est au Gouvernement à s'occuper à les connoître & à les favoriser ; c'est pourquoi il est essentiel qu'il s'instruise de l'état du Commerce & des variations qui y surviennent, afin qu'il soit à même d'y porter les secours nécessaires.

Qu'on ne se flatte pas de voir régner dans le Commerce cette liberté entiere qui produiroit tant de merveilles & donneroit tant d'avantages à tous les Peuples ; il faudroit pour cela qu'il survînt une révolution qu'on aura même de la peine à concevoir : c'est celle d'un égal accord & d'une union permanente entre tous les Peuples de la terre ; pour lors cette liberté si desirée pourroit se concevoir & s'établir. Mais comment se livrer à une si douce espérance quand on considere combien toutes les choses sont éloignées de ce point de perfection ?

D'après ce petit examen sur le Commerce en général, il me reste à traiter de celui de ma Patrie.

La France est dans la plus heureuse situation pour rendre son Commerce florissant, & pour l'étendre dans toutes les parties du monde. Ses Côtes le long de l'Océan lui facilitent sa communication avec tous les Habitans du nouveau Monde ; celles du côté de la Méditerranée la mettent à même de faire la plus grande partie du Commerce du Levant. Par la grande quantité des Marchandises qu'elle tirera des différentes contrées du Monde, elle peut devenir l'entrepôt de plusieurs Royaumes de l'Europe, comme la Suisse, l'Allemagne, la Pologne, la Prusse, la Hongrie, & bien d'autres qui trouveront leur intérêt de commercer avec la France, tant à cause de sa proximité, que par l'abondance des Marchandises qui reflueront dans ses Ports. Voici les termes dont le Cardinal d'Ossat se servit pour dépeindre la situation de la France. « C'est un de mes anciens » regrets, disoit-il, & un des plus » notables & honteux manquemens de la » France. Flanqué de deux mers & » situé par la nature au plus beau & » avantageux endroit de l'Europe pour » faire, pour aider, & empêcher toutes » grandes entreprises tant par mer que » par terre : c'est, dis-je, un de mes » anciens regrets que ce Royaume se » manque à lui-même ». Maximilien de

Bethune Duc de Sully étoit dans la même perſuaſion, & c'eſt ce qui lui fit dire. « Jamais les Rois de France, » aidés d'un peuple guerrier & coura- » geux que Dieu a commis ſous leur » domination, ne ſe réſoudront à conſ- » tituer leurs principaux plaiſirs en la » ſeule augmentation de leur grandeur, » Commerce, réputation & manuten- » tion de la ſeule Monarchie Françaiſe » non litigieuſe, qu'ils ne deviennent » ſans difficulté les ſeuls Arbitres de la » Chrétienté, & ne donnent abſolument » la loi à leurs voiſins, par leur pru- » dence & auſſi douce aſſociation ». Il ſeroit fort inutile de chercher des exemples pour appuyer ce que ces deux grands hommes ont avancé, l'évidence ſe ſuffit à elle-même.

Un des grands obſtacles à l'accroiſſement du Commerce des Français eſt le préjugé de la Nation. N'eſt-il pas bien étonnant, que la Nobleſſe qui ſemble devoir être ſenſible, plus que tous les autres Corps, au bonheur de l'Etat, ait regardé pendant long-temps le Commerce comme un état aviliſſant & indigne d'elle? N'eſt-il pas bien étonnant que la profeſſion, celle qui, plus que toute autre, contribue à la gloire des Etats & au soutien des Empires, fisse la honte de ceux qui l'exerçoient? Dans le temps féodal elle étoit poursuivie & proscrite à cause de ses préjugés bizarres, mais depuis que l'utilité du Commerce a été reconnue, les Rois l'ont étayé de leur autorité. Suivant l'article 452 de l'Ordonnance de Louis XIII, du mois de Janvier 1627, tout Négociant en gros peut prendre la qualité de Noble ; il n'y a point de dérogeance sur le fait du Commerce, les Edits du mois d'Août 1669 & de Décembre 1701, en sont des preuves authentiques : le Commerce n'est point aussi regardé comme incompatible avec la Noblesse. C'est ce qui est confirmé par un Arrêt du Conseil d'Etat du Roi, donné en Septembre 1762. Par toute l'Italie, la Noblesse se fait une gloire du Commerce ; à Venise, Genes & Florence, les Gentilshommes y ont des galeres & font le commerce de la Méditerranée ; & en Angleterre, la plus haute Noblesse ne dédaigne point de s'y adonner.

Ces prérogatives & ces exemples devoient, ce semble, suffire au Français pour l'engager à se maintenir dans le Commerce, lui que l'appât des honneurs & le fantôme de la gloire agitent tour-àtour ; cependant l'expérience nous fait voir que cela n'a point suffi. A peine voit-on une maison de Négocians passer à une seconde génération. Un fils qui hérite de la fortune de ses peres, veut jouir dans l'oisiveté du fruit de ses sueurs & de ses travaux, à peine daigne-t-il dire qu'il tient sa fortune du Commerce il a acquis une Charge, & avec elle le droit de ne rien faire. C'est là le goût. Si on est parvenu à une fortune suffisante, on veut s'élever aux emplois de l'Epée ou de la Robe. En satisfaisant ce préjugé, le Commerce perd une partie de son argent ; il se forme de nouvelles Maisons, auxquelles il faut beaucoup de temps pour acquérir de la réputation & du crédit. Le Commerce qui est interrompu languit ; aussi voit-on les Etrangers presque les seuls & les plus gros Négocians de la France. L'état de changement où se trouve le Commerce parmi nous favorise leur établissement ; & on peut dire, en cela, qu'ils profitent bien avantageusement de notre inconstance. On ne trouve quelques anciennes Maisons de Commerce que parmi les Protestans. Le même inconvénient n'existe point chez eux ; ils sont exclus des Charges, & par-là le Commerce devient leur seule ressource : aussi presque par toute la France sont-ils riches & puissans. Cette derniere remarque prouve de la maniere la plus sensible combien il est avantageux au Commerce de se perpétuer dans les familles. Voilà les grands abus qui existent, & qui sont autant d'obstacles à la perfection du Commerce parmi nous, & peut-être sur lesquels on n'a encore fait aucune réflexion solide.

Les Protestans n'auroient pas moins d'ambition de parvenir aux Charges & aux Emplois que les Négocians Français, & l'on ne peut que louer la sage politique qui les en éloigne. En qualité de Citoyens & de Sujets, ils méritent pour le Civil la protection du Gouvernement; mais des faveurs trop grandes, & qui passeroient les bornes, pourroient tôt ou tard lui devenir funestes; & ce seroit peut-être le coup de la plus mauvaise politique, que de les faire participer à tous les avantages des Sujets qui tiennent à l'Etat par la Religion du Prince. Certainement ils n'ont qu'à se louer de vivre dans un Gouvernement aussi doux que celui des Français, où ils ont leurs fortunes aussi solidement établies que celles des autres Sujets. Quelle différence de la maniere dont ils nous traitent chez eux, comme en Suisse, en Irlande, en Angleterre où leur Religion est dominante ! Nous n'avons pas seulement le droit d acquérir, ni de posséder. Je ne cite point ici ces exemples, afin d'être autorisé à blâmer la tolérance civile que l'on leur accorde chez nous. (A Dieu ne plaise que je m'érige en Apologiste de l'intolérance ; tous les hommes sont également nos freres & nos amis, & cette considération devroit toujours nous conduire). Mais j'ai cru à propos de me livrer à ces courtes réflexions, afin de pouvoir leur dire que leurs prétentions doivent avoir des bornes, ainsi que les faveurs que le Gouvernement veut bien leur accorder. L'Etat ne doit point négliger à chercher parmi eux le mérite & à le distinguer : c'est là une voie des plus sûres pour l'encourager. Combien qui ont illustré la France par leur valeur & leurs services ; & on en voit encore qui, par leurs lumieres & leurs vertus, remplissent avec distinction les plus grands Emplois.

Mais ce ne sera point en excluant les Négocians des Charges, qu'on parviendra à fixer le Commerce dans les familles ; ce seroit au contraire lui porter une atteinte des plus funestes ;

& ce moyen qui produit cet effet parmi les Protestans, en produiroit un tout contraire parmi nous. Il ne faut que consulter un peu le caractere de la Nation, pour en concevoir les suites. L'amour de l'honneur & de la gloire porteroit le Français dans d'autres climats; il abandonneroit sa Patrie, & le Commerce se trouveroit entiérement dans des mains étrangeres. Quelle ressource l'Etat y trouveroit-il dans le besoin? Mais plutôt, de quel avantage ne seroit-il point pour lui que le Commerce fût fait par ses propres Sujets? Combien de fortunes qui passent dans l'Etranger, & souvent chez nos Rivaux, & qui ont été faites parmi nous! Ces émigrations ne sont malheureusement que trop fréquentes. Dans les temps de guerre, quel préjudice ne portent-elles point au Commerce & à l'Etat? une grande partie des Négocians Etrangers abandonnent nos Ports, & emportent avec eux leur fortune. Il regne assez de maux dans le Commerce, & l'exclusion des Français aux Charges ne feroit qu'y en ajouter de nouveaux. Ce seroit en vain qu'on voudroit que le Français pensât & vécût à la maniere des Hollandais; on ne change pas si facilement les hommes.

C'eſt donc le caractere de la Nation qu'il faut favoriſer & non pas détruire, & ce n'eſt que par un ſimple changement dans la maniere d'acquérir les Charges, que j'entrevois les moyens de rendre le Commerce floriſſant, & d'en faire un état permanent dans les familles.

Dans les armes, le Militaire ſacrifie ſa vie, ſa fortune & ſon repos ; il s'arrache du ſein de ſa famille pour le ſoutien de ſa Patrie : quel eſt le puiſſant reſſort qui le fait mouvoir ? C'eſt la gloire ; ſon unique ambition eſt d'y parvenir, il mérite de la trouver, & d'en jouir d'une maniere diſtinguée ; car ſans elle il préféreroit plutôt, ou la vie paiſible des champs, ou la vie tumultueuſe des Cités.

Pour parvenir dans la Robe, combien d'études & de travaux ne faut-il point ? Cette Profeſſion auſtere demande le ſacrifice de la jeuneſſe & des plaiſirs. On renonce à tout, parce qu'on ſait qu'on acquiert une qualité honorable : c'eſt le même motif qui anime, le fantôme de la gloire ; auſſi y voit-on les Charges ſe perpétuer de génération en génération.

Dans le Négoce, ce même motif exiſte, mais c'eſt d'une maniere qui eſt toute contre le Commerce ; la ſeule ambition du Négociant eſt celle d'acquérir ; lorſqu'il y eſt parvenu, il trouve des honneurs & des qualités avec ſon argent, & le Commerce eſt abandonné pour les honneurs. C'eſt ainſi que l'ambition d'acquérir de la gloire, qui eſt une ſource d'encouragement pour les autres états, eſt au contraire pour celui-ci la cauſe de ſa dépérition ; & le Commerce qui devroit être un état fixe & permanent dans les familles, ſe trouve dans de continuelles variations. Ce préjugé qui lui eſt ſi contraire, ne vient que d'un défaut de conſidération qui lui manque parmi nous ; tous les autres états ſe perpétuent, parce que le préjugé eſt différent, & qu'on ſe fait une gloire & un honneur de s'y maintenir.

C'eſt le Gouvernement ſeul qui peut y apporter remede, & qui, en favoriſant le Commerce d'après le caractere de la Nation, le fera ſortir de cet état d'inconſtance qui en arrête l'accroiſſement & les progrès. Pour que le Français n'eût point l'ambition d'acquérir des Charges, & la foibleſſe d'abandonner ſon Commerce, il faudroit que le Commerce même lui procurât les qualités qu'il deſire, & que même pour en jouir, il fût obligé de ſe maintenir dans ſon Commerce.

Voici

Voici d'une maniere plus claire le moyen qui eſt le ſeul capable de fixer la Nation, & de diſſiper les préjugés qui lui ſont funeſtes : ce ſeroit que le Gouvernement accordât les titres de nobleſſe à toutes les Maiſons de Commerce en gros qui ſe maintiendroient juſqu'à la troiſieme génération. Pour que le petit-fils obtînt ce privilege, il faudroit qu'il prouvât que ſes ancêtres ont fait le Commerce honorablement, & que lui-même continuât le Commerce ; tout cela pourroit ſe faire d'une maniere authentique ; il ne ſeroit point difficile de prendre toutes les précautions néceſſaires pour rendre cette nouvelle inſtitution des plus utiles, & à jamais permanente.

Alors on ne verroit plus le Commerce s'éteindre dans les familles, ni tant de Maiſons élevées tout à coup par une fortune rapide, & tomber peu de temps après. Le Français auroit été pris par le penchant naturel qu'il a pour la gloire ; il verroit dans le Commerce une carriere ouverte pour y parvenir, il n'auroit plus aucune raiſon pour l'abandonner ; fût-il parvenu à la plus haute fortune, il conſervera avec plaiſir ſon Commerce, en conſidérant que ſon état eſt honorable,

& qu'il est utile à sa Patrie & à l'Etat, dont il tient toutes ses faveurs. Le caractere changeant de la Nation se trouveroit par-là fixé, & le préjugé tomberoit ; on ne verroit alors dans toute la France que des Maisons solidement opulentes. Je ne crains point de dire que ce seroit une ressource pour l'Etat dans la nécessité. Le Français n'a qu'à consulter son cœur, pour connoître ce qu'il a à faire dans ces circonstances.

La Noblesse alors n'auroit point tant d'éloignement pour le Commerce. Combien qui se trouvent incapables de servir, & que le préjugé retient dans l'oisiveté & dans la misere ! Ceux-là trouveroient une ressource dans le Commerce, qui leur présenteroit un état utile & honorable. Tous les états ne seroient alors composés que par des sujets capables de les remplir. Un pere qui a passé sa vie dans les combats, ne dira plus à son fils, « Entrez dans la même carriere que je viens de parcourir » : il se trouve qu'il n'a pas la moindre des qualités nécessaires pour faire un bon Soldat. Le Commerce de même exige des talens & un goût particulier. Celui qui, quoique né dans le Commerce, ne se sentira point capable d'en remplir les fonctions, & qui au contraire avec un caractere intrépide ne ſe croira propre que pour la guerre, ne trouvera plus de préjugé contre lui. Il pourra dire, j'ai abandonné une carriere qui ſans doute me conduiſoit à la gloire & à la fortune; mais celle que j'ai choiſie eſt dans mon inclination : j'y réuſſirai mieux. C'eſt la nature qui donne le goût : ne ſeroit-ce pas une des ſages politiques, que chacun ſe vît à même de pouvoir le ſuivre librement, & qu'il ne trouvât point d'obſtacle à ſon penchant naturel ?

Qu'on ne craigne point de voir la Nobleſſe abandonner la carriere des combats pour embraſſer le Commerce : la gloire de ſoutenir les triomphes militaires de ſes peres eſt trop puiſſante ſur les cœurs ; cet avantage qu'auroit le Commerce, d'ennoblir, ne confondra jamais ces deux profeſſions. La nobleſſe des armes ſera toujours diſtinguée, & le nom ſeul de Défenſeur de la Patrie ſera toujours un titre plus que ſuffiſant pour opérer cette diſtinction ſi néceſſaire, pour exciter l'émulation & pour entretenir la valeur : alors on verroit à l'envi une noble activité animer ces deux claſſes, également utiles & également indiſpenſables pour le ſoutien d'un État, l'Épée & le Commerce. Dans le Militaire, le ſacrifice de l'intérêt ſera toujours un avantage qui lui méritera le pas : le déſintéreſſement & la valeur font les vertus du Guerrier ; elles deviennent ſa principale gloire & ſa plus haute prérogative. La profeſſion des armes ne ſauroit trop être honorée ; mais elle l'eſt aſſez : le Roi lui-même eſt le premier des Soldats ; & le Subalterne, qui partage les lauriers de ſon Chef, pourroit-il prétendre à quelques diſtinctions plus flatteuſes? Ainſi le Militaire obtiendra toujours le premier rang dans l'État : & la reconnoiſſance des Citoyens, dont il devient le défenſeur & le ſoutien, le lui aſſure. Le Commerce ne ſera plus guidé par l'eſprit ſordide de l'intérêt (que quelques-uns veulent lui prêter uniquement) : il ſera jaloux d'acquérir une véritable gloire. Ses deſirs n'étant plus occupés par la folle ambition des honneurs, ſon état étant honoré, ſa plus grande ſatisfaction ſera de faire voir qu'il mérite de l'être : dès-lors, il ne ſe contentera pas de contribuer au bien général, en travaillant ſeulement pour lui-même ; il cherchera à ſervir ſa Patrie, en lui ouvrant ſes tréſors ; & ce ſera la ſeule gloire qui lui reſtera à acquérir. Peut-être alors la reconnoiſſance des cœurs deviendroit-elle la principale ambition des hommes.

Cette nouvelle prérogative des Négocians éviteroit un des grands abus qui regnent parmi eux. A peine commencent-ils à jouir d'une fortune honnête, que pour se distinguer, ou pour se dédommager peut-être des qualités qui leur manquent, ils se livrent à un faste & un luxe immodérés qui entraînent le plus souvent leur ruine, & celle de ceux qui veulent les imiter. L'ambition de parvenir à ce degré proposé les obligeroit à mener une vie honnête & réglée, afin de laisser à leurs héritiers de quoi se soutenir dans le Commerce. C'est ainsi qu'en dirigeant & en favorisant ce préjugé de la gloire, qui est dans le caractere de la Nation, on parviendroit à lui inspirer ce goût & cet attachement si nécessaires pour la solidité & pour l'avantage du Commerce.

Cette maniere d'encourager le Commerce ne sauroit être générale. Elle seroit, par exemple, fort inutile pour l'Angleterre, la Hollande, l'Italie & bien d'autres endroits où le Commerce est un des états le plus honorable, & où la nécessité en fait une loi. Mais en France, en jettant un simple coup d'œil sur l'état du Commerce, on verra que tout sert à l'appuyer, & à nous démontrer combien elle y seroit utile & nécessaire. Qu'on ne pense point qu'il y eût beaucoup de Maisons qui pourroient produire d'anciens titres de Commerce, & par-là qui fussent à même d'aspirer à la noblesse. J'ose avancer que, suivant les conditions proposées ci-dessus, on ne trouveroit peut-être pas quatre Maisons de Négocians où le Commerce se seroit perpétué jusqu'à la troisieme génération, qui fussent par-là à même de se présenter. On ne compte plus d'anciennes Maisons de Commerce, tout au plus quelques-unes de pere en fils, encore en très-petit nombre. Quelle preuve plus forte de l'empire du préjugé, & des effets qu'il produit sur la Nation! Mais à la faveur de ce nouveau Réglement, on conçoit très-bien, qu'avec le temps, on verroit le Commerce se perpétuer dans les familles, même au delà de la troisieme génération. Alors chaque famille trouveroit sa satisfaction & sa gloire dans l'ancienneté de son Commerce, & ce seroit le fruit de ce nouveau Réglement qui pourroit être plus utile à l'Etat, & plus avantageux pour le Commerce, qu'on ne l'imagine d'abord.

OBSERVATIONS
SUR LA MARINE.

CE qui rend notre Marine défectueuse, & presque toujours foible, c'est la disette de Matelots. On parvient aisément à mettre une Marine sur pied, & à éblouir des Voisins par l'appareil d'un cortege pompeux de vaisseaux ; mais est-il question de les faire marcher, que de difficultés pour l'exécution ! On ne trouve point de Matelots ; il faut des bras qui soient tous dressés, il est impossible d'en employer d'autres. On ne les forme pas à la hâte ; la Marine est un art qui exige de l'étude, & qui demande qu'on joigne la théorie à la pratique.

Cette disette de Matelots sera toujours un des grands obstacles au progrès & à la perfection de la Marine. L'Etat se voit-il dans la nécessité de faire des expéditions maritimes, quelles peines n'a-t-il pas pour y parvenir ! On enleve les Matelots des Navires Marchands, dans le moment qu'ils en ont le plus grand besoin, & dans le temps où les approches d'une guerre, époque où le Commerce auroit le plus besoin de s'étendre & de se soutenir, il souffre & il languit : par-là, l'Etat d'un côté, épuise ses forces; & de l'autre, il anéantit ses ressources. Ce seroit en vain déplorer les défauts que de les faire connoître, sans indiquer les moyens pour les détruire. En faisant voir que la disette de Matelots est un malheur pour l'Etat, je me suis proposé de dire succintement comment on peut y remédier. Si mes réflexions sont insuffisantes, elles seront du moins excusables, par le motif qui me les dicte, l'amour de ma Patrie.

Ce ne seroit que par des établissemens sages & bien conçus, qu'on pourroit parvenir à monter une bonne Marine. Cet établissement consisteroit à entretenir des Troupes de mer, qu'on dresseroit, pour la navigation, à peu près de la même maniere qu'on le fait pour les Troupes de terre. Les Ports de mer seuls pourroient être choisis pour ces sortes d'établissemens. L'appareil du Commerce, ce grand nombre de Vaisseaux qui arrivent & qui partent, ont la plus grande influence sur les esprits : c'est l'habitude à voir & à entendre qui forme les hommes. L'Etat auroit donc dans chaque Ville maritime deux ou trois mille hommes, qui seroient gouvernés par des Marins, experts dans leur art. Chaque Port de mer auroit son Ecole de Marine, dans le temps de paix, comme dans le temps de guerre; ils ne seroient jamais à charge; leur exercice seroit de recevoir des leçons qui auroient du rapport à la Marine; chaque Compagnie auroit ses différentes occupations: les uns pour la manœuvre, les autres pour les travaux, qui sont relatifs à la navigation. A tour de rôle, on leur feroit faire des voyages sur les Navires Marchands; chacun de ces établissemens seroit un Arsenal, où on trouveroit tout ce qui est nécessaire pour équiper un certain nombre de Vaisseaux. Par-là on parviendroit à former des Matelots, & à avoir une Marine toujours prête à servir l'Etat. Nous avons cent cinquante mille hommes pour garder nos frontieres, ils sont toujours entretenus, & toujours instruits dans l'Art de la guerre; cet aspect contient nos ennemis: une Marine royale ne produiroit-elle point le même effet? avons-nous des ennemis moins à craindre & moins redoutables sur mer? Mais, dirat-on, les Matelots de la Marine Marchande suffisent en temps de guerre ; ils sont en si grand nombre : cela est vrai. Mais un certain nombre de Matelots, uniquement destinés pour le Service du Roi, n'annonceroit-il pas une Marine plus imposante & plus sûre, & ne contribueroit-il pas à rendre la Marine Marchande plus étendue, & d'un secours assuré en temps de guerre ?

Ces établissemens seroient susceptibles de toutes sortes de perfections : la levée des hommes se feroit par recrues, non seulement dans les Villes maritimes, parce que le plus souvent tous les hommes y trouvent de l'emploi, mais dans toutes les autres Villes du Royaume. On ne manqueroit point de sujets ; le service de mer & les grands voyages excitent presque l'ambition de tous les hommes.

Ils auroient une discipline particuliere, & pour le genre de vie, il faudroit qu'il ne différât guere de la maniere dont on est nourri & entretenu sur mer.

Pour l'instruction, il y auroit une foule de moyens pour parvenir à leur donner les connoissances de tout ce qui est nécessaire pour former un bon Marin : on leur apprendroit les différentes manœuvres d'un Vaiſſeau ſur mer ; le nom & les uſages de toutes les parties qui le compoſent ; la différence des vents, &c.

Pour parvenir à leur donner la facilité & l'adreſſe néceſſaire pour manier les voiles, les cordages, monter & deſcendre un pavillon, une flamme, on leur feroit faire tous ces exercices : il ne ſeroit point néceſſaire d'aller ſur mer pour leur procurer toutes ces connoiſſances ; il eſt facile de monter des mâts, de mettre des voiles & des cordages, en quelque endroit que ce ſoit, & qui ſerviroient uniquement pour l'inſtruction. Les voyages qu'on leur feroit faire à tour de rôle ſur les Navires marchands acheveroient de les perfectionner ; & le temps qui ne ſeroit point rempli par les inſtructions, pourroit être conſacré à des travaux utiles.

L'ambition naturelle à l'homme eſt d'aſpirer à ſon repos, & à la libre jouiſſance de lui-même. Après pluſieurs années de ſervices (ce qui ſeroit fixé), chaque Matelot ſeroit maître de ſe retirer; on leur donneroit une récompenſe. Cette récompenſe ne ſeroit point diſpendieuſe pour l'Etat : à tous les voyages de chaque Matelot, il ſeroit retenu une certaine ſomme qu'on conſerveroit, & qui leur ſeroit remiſe à la fin de leurs ſervices. L'eſpoir de cette récompenſe auroit ce double avantage d'entretenir l'émulation, & d'attacher ces hommes à leur état.

FIN.

ERRATA.

Pag. 33, *lig. premiere*, EE Commerce, *liſez* LE Commerce.

NOTES.

NOTES.

(A) LEs différens avantages que procure la découverte du nouveau Monde, la nécessité indispensable qu'ont toutes les Nations d'y entretenir un Commerce, en fait assez connoître l'utilité.

Que la réunion des deux hémispheres nous prêteroit un sentiment bien plus doux, si elle n'eût pris sa naissance dans le sein de la barbarie & de la cruauté; & si, comme Christophe Colomb à la premiere découverte des Lucayes, nos Ancêtres eussent employé à son exemple les armes de la bienfaisance & de la paix! Cet événement qui étoit le plus capable d'honorer le siecle qui le vit naître, n'a laissé au contraire après lui qu'un souvenir malheureux, qui arrache des larmes aux trois quarts de la terre.

Ne faisons point tomber sur la Religion tous les maux auxquels a donné lieu la découverte du nouvel hémisphere, ainsi que plusieurs Ecrivains (même les plus célebres) nous l'ont voulu faire entendre; déplorons au contraire le peu d'usage qu'en firent les Conquérans. Tous les crimes sembloient s'être réunis pour présider à leurs conquêtes. La soif de l'or, l'ambition, la haine, une tyrannie des plus barbares: quel outrage plus atroce pouvoit-on faire à la Religion, que de la charger de tous ces vices infames? Dans tous les temps elle enseigna les devoirs de l'amitié & de la bienfaisance envers tous les hommes: être bon Citoyen, ami fidele, Patriote généreux, voilà les hommes que formeroit la Religion, si elle étoit mieux connue. Mais que penſera de nous la poſtérité, quand elle verra que notre ſiecle pervers ſemble s'être étudié à ne la dépeindre que ſous des caracteres odieux & mépriſables? Diſons donc plutôt que l'homme a été long-temps féroce & deſtructeur, & que les progrès de la raiſon ont été bien lents parmi nous; voilà la ſource des maux que nous déplorons. Mais peu à peu l'eſprit de Commerce a ſuccédé à l'eſprit de conquête, l'induſtrie a été encouragée, l'empire barbare de l'ignorance & des ſuperſtitions a été détruit, les connoiſſances ſe ſont multipliées, & les Habitans des deux hémiſpheres, liés par leurs beſoins réciproques, ont mutuellement contribué à leur bonheur.

De tous les différens Peuples qui cultivent le Commerce dans le nouveau Monde, la plupart ne doivent les grands avantages qu'ils en retirent qu'à la conſtance qu'ils mettent dans les entrepriſes de leur Commerce, & dans la protection & les faveurs qu'ils accordent à ces Peuples conquis.

L'Angleterre pouvoit ſe flatter d'être de ce petit nombre : le caractere de ſa Nation, la poſition de ſon Pays, tout étoit des plus favorable à ſon Commerce; & ce n'eſt qu'à l'imperfection de ſon Gouvernement qu'on doit imputer les malheurs qui la déchirent (*). Le pouvoir

(*) Ce fut en l'année 1773 que la révolution funeſte ſurvenue entre les Colonies Anglaiſes & la Métropole prit ſon origine. En voici les motifs. Le Parlement accorda à la Compagnie des Indes Orientales, établie à Londres, la permiſſion d'exporter ſon Thé en Amérique, en l'aſſujettiſſant à un droit qu'il impoſa. Cette nouvelle répandue à Boſton, y cauſa une ſenſation des plus vives. A l'arrivée du vaiſſeau le Darmouth, chargé de Thé, les Boſtoniens aſſemblés ſommerent le Gouverneur de le renvoyer en Angleterre; ſon refus excita une émotion

ſouverain partagé entre le Roi, le Parlement, & le Peuple, y entretient des débats & des diviſions continuelles : les queſtions y ſont

---

qui ne fut pas long-temps ſans éclater. Les Boſtoniens entrerent dans le Vaiſſeau, jetterent tout le Thé à la mer, ſans cauſer aucun autre dommage. Dans le même temps, les Habitans de Philadelphie renvoyoient un Vaiſſeau chargé pour le compte de la Compagnie ; à Charles-Town on en fit de même : on apperçut un Vaiſſeau qui venoit chargé de Thé, on le renvoya en Angleterre. L'Amérique en vint à des repréſentations ſur l'injuſtice de la Métropole ; elles furent rejetées. La Cour de Londres prévenue des principes d'autorité, ne voulut rien céder ; ſon opiniâtreté ne fit qu'augmenter les troubles. Le Gouvernement militaire s'en mêla ; il crut les appaiſer par l'appareil impoſant de la guerre : on finit d'aigrir les eſprits. En vain, le premier Juillet 1774, le Gouvernement fit-il bloquer le Port de Boſton : dans le même temps les Habitans de Philadelphie, ſenſibles à la diſgrace de leurs freres à Boſton, arrêterent que ce jour même que le Parlement avoit fixé pour la clôture de leur Port, on ne traitât chez eux aucune affaire publique. Cette fête funebre ſubſiſtera à jamais dans les annales de l'Amérique. Dès-lors toute l'Europe attentive vit, avec le plus grand étonnement, l'Amérique Anglaiſe ſecouer le joug de la Mere-Patrie qui l'opprimoit. « Prenons les » armes pour ſoutenir notre liberté ! s'écrierent les » Colons, avec toute la force & toute l'énergie que leur » donnoient un ſentiment ſi cher ». Et bientôt on vit ſortir du ſein de la diviſion & du trouble, un Gouvernement nouveau, avec le Code de ſes Loix : déja ils avoient des troupes ſur pied en cas d'attaque. Ce fut le 18 Avril 1775 que le Gouvernement Anglais préféra de verſer le ſang de ſes propres Sujets, au préjudice d'un foible avantage qu'ils réclamoient. Depuis cette époque, l'Angleterre continue la guerre avec ſes Colonies ; ſon projet eſt de les ſoumettre par la force des armes ; ſes vains efforts, depuis deux ans qu'elle continue l'attaque, ſemblent préſager l'impoſſibilité de ſes prétentions. Il eſt étonnant que dans le Pays des combinaiſons & des calculs, on ſe ſoit trompé d'une maniere auſſi groſſiere. L'Angleterre auroit-elle ignoré que ſes poſſeſſions dans long-temps agitées, souvent suspendues, & leur décision y excite presque toujours du mécontentement ou du trouble. Par-tout les ouvrages des hommes portent avec eux un caractere d'imperfection ; les Loix même qui sont le dépôt de leurs connoissances & de leur sagesse, n'en sont pas exemptes. Chaque Gouvernement aura donc ses défauts ; & celui qui peut en avoir le moins, est l'Etat monarchique : le Roi, seul Législateur, ne reconnoît point de pouvoir subalterne ; il peut changer ou modifier les Loix suivant les circonstances des temps & les besoins de son peuple ; c'est un pere qui a toute autorité sur ses enfans, dont le devoir & l'intérêt est d'être juste. C'en est assez pour notre bonheur. Nous devons être à son égard des enfans aveuglément soumis. Aussi Tite-Live nous dit avec beaucoup de sagesse (1) : *Ut parentum ità principum patiendo ac ferendo lenienda est sævitia.* Seneque le tragique dit de même en parlant des Rois (2) : *Æquum atque iniquum Regis imperium feras.* Justin rapporte en ces termes la soumission de Lisimaque, mal-

l'Amérique ne fussent la plus grande partie de sa richesse & de sa puissance, & que ces vastes contrées offrent des ressources de toutes especes ? Auroit-elle oublié que le maintien de la liberté de ses Peuples ne fût une des Loix fondamentales de son Gouvernement ? Comment n'a-t-elle pas craint une entreprise qui tendoit à sa distraction ? Il étoit d'autant plus dangereux d'attaquer une Nation déja enthousiasmée des droits de sa liberté, qu'elle sembloit n'en avoir depuis long-temps qu'une jouissance idéale & précaire.

(1) Il en est du pouvoir des Princes comme de celui des peres ; on adoucit leur rigueur par la patience, & en la supportant. *Tit. Liv.*

(2) Que le Souverain regne justement ou injustement, il faut le supporter. *Senec. Trag.*

traité par Alexandre (3). *Magno animo*, dit-il, *Regis velut parentis contumeliam tulit.* Tels sont les droits de la Royauté, & Samuel s'en explique en ces termes avec le peuple Juif qui lui demandoit un Roi (4). *Hoc erit jus Regis qui imperaturus est vobis; filios vestros tollet, & ponet in curribus suis, facietque sibi equites & præcursores, &c.* Saluste, ce célebre Ecrivain de l'ancienne Rome, dépeignoit aussi les Rois (5). *Impunè quid vis facere, id est Regem esse.* D'après toutes ces autorités, & sacrées & profanes, (auxquelles on pourroit en ajouter bien d'autres) il est facile de voir que les Rois n'ont d'autres juges de leurs actions que Dieu, dont ils tiennent leur pouvoir. Comme Souverains, ils ont seuls le droit de juger leur peuple; & en France, les Parlemens qui ont été choisis pour les aider dans cette fonction, n'ont aucun droit qu'ils ne tiennent immédiatement des Rois, & c'est par le seul effet de leur sagesse & de leur équité, qu'ils ont été admis à faire des remontrances : cette précaution si utile & si sage de leur part, ne peut faire prendre que des délibérations justes & bien combinées, & concourir au bonheur de la Monarchie française; elle est une preuve de la bonté de nos Rois, qui ont toujours cherché à régner sur les cœurs.

L'autorité Royale a toujours été en France libre & indépendante; les Etats qui se tenoient autre-

(3) Il supporta avec courage l'affront que lui fit son Roi, comme s'il l'eût reçu de son pere. *Justin.*

(4) Tel sera le droit de celui qui vous commandera il enlevera vos enfans, & les mettra sur ses chars, & il en fera ses cavaliers & ses domestiques pour marcher devant lui. *Samuel.*

(5) C'est là être Roi, que de faire impunément ce qu'on veut.

fois pour délibérer sur les affaires importantes du Royaume, n'étoient point un droit de la nation ; la même prudence & la même sagesse qui avoit engagé nos Rois à les établir, les força à les détruire. On n'ignore point les factions & l'esprit de parti qui régna dans ces dernieres assemblées, ainsi que les entreprises des Ducs & des Comtes pour usurper les droits de la Souveraineté : ces malheureux troubles que ces assemblées des Etats tendoient à fomenter, eussent entraîné à la fin la ruine du Royaume, si nos Rois ne les eussent supprimées; & bientôt on eût vu la France devenir le triste jouet d'une déplorable anarchie.

Un peuple qui aura à sa tête deux Chefs qui partageront sa souveraineté, doit toujours craindre qu'il ne s'éleve dans son sein de la division & du trouble; fussent-ils, ces deux Chefs, soumis aux mêmes Loix, les intérêts personnels, les caprices de l'ambition, le temps, peuvent les désunir ou les séparer, chaque parti se fera des partisans ; cet Etat peut devenir le théatre de tous les maux, même de la guerre civile. L'Etat Monarchique peut seul être à l'abri de ces désordres; fût-il gouverné par un Roi tyran, si les sujets observent la soumission & le respect qu'ils doivent à leur Souverain, ils le forceront peut-être de devenir bon, ou du moins de devenir juste. C'est une grande leçon de paix, que S. Paul a laissé aux hommes, quand il leur a dit, *obedite præpositis vestris etiam discolis*. Pourquoi les hommes ne font-ils pas toujours usage des maximes qui sont faites pour les rendre heureux ? I

La pluie qui féconde nos champs, peut les submerger ou les détruire ; le Soleil qui par sa douce chaleur excite la végétation dans les plantes, peut les brûler & anéantir nos espérances ; un vent favorable qui conduit le Pilote au gré de ses deſirs, bientôt après le menace du naufrage & de la mort. De même les Rois qui ſont faits pour le bonheur des peuples, peuvent les rendre eſclaves & malheureux. Toutes ces choſes ſont entre les mains du Tout-Puiſſant ; il en fait les inſtrumens de ſa juſtice & de ſa vengeance. Nous devons ſupporter tous ces maux avec la même ſoumiſſion. C'eſt ce que Corneille-Tacite nous apprend par ces belles paroles (6). *Quomodo ſterilitatem aut nimios imbres & cætera mala ità luxum & avaritiam dominantium tollerate. Vitia erunt donec homines erunt ; ſed neque hæc continua & aliorum interventu penſantur.*

(B) Ce ſont là les avantages qui réſultent des fabriques ; on ne ſauroit leur donner trop d'encouragement : la ſource des richeſſes qu'elles font réjaillir dans un Royaume, peut être mis dans la claſſe des richeſſes premieres, telles que celles de l'agriculture. Elles facilitent la conſommation d'une grande quantité de différentes denrées, ſoit étrangeres ou du pays, encouragent par ce moyen diverſes branches de Commerce, donnent une ſeconde valeur aux matieres premieres, & occupent une foule innombrables d'ouvriers qui y trouvent leur exiſtence ; c'eſt pourquoi, dans les ſols les plus arides & les plus ingrats, on n'eſt pas étonné de voir des peupladesentieres ſubſiſter & s'enrichir avec le ſeul ſecours de l'induſtrie & des Arts. Il eſt eſſentiel dans un Royaume d'encourager l'induſtrie : le Cardinal de Richelieu s'en occupa d'une maniere toute particuliere ;

---

(6) Il faut ſupporter le luxe & l'avarice des Souverains, de même qu'on ſupporte la ſterilité, les inondations & les autres malheurs naturels. Il y aura des vices autant qu'il y aura des hommes ; mais ces vices ne ſont pas les mêmes, & il ſe fait une ſorte de compenſation d'un défaut par un autre. *Tac.*

aussi ses travaux furent ils suivis de tout le succès qu'il pouvoit en attendre. Il mit les fabriques en vigueur, & en créa même de nouvelles qui subsistent encore.

(C) Jacques Cœur fut l'homme le plus intelligent de son siecle ; il faisoit de son temps plus d'affaires que toute la France ensemble ; l'étendue de son Commerce lui procura des richesses immenses, & c'est de cette source abondante, dont il sçut si bien profiter, qu'il retira la gloire de secourir sa Patrie.

(D) Le Congrés de Gertruy d'Emberg.

(E) Les Négocians de S. Malo réunirent dans cette occasion tous les profits qu'ils venoient de faire dans le Commerce des Colonies Espagnoles en Amérique; cet acte de générosité montoit à trente-deux millions. Ce fut le Commerce qui éleva la maison de Côme de Medicis, Florentin, à ce degré de gloire & d'opulence qui faisoit l'admiration de son siecle ; il avoit des liaisons avec presque tous les Princes de l'Europe & de l'Asie.

Les Fuggers, Négocians d'Ausbourg en Allemagne, nous ont aussi laissé un grand exemple de générosité. Ayant prêté des sommes considérables à Charles-Quint, cet Empereur, dans un de ses voyages, alla se loger chez eux ; ils furent si sensibles à cet honneur, que pour lui en témoigner leur reconnoissance, ils mirent dans la cheminée de sa chambre un fagot de bois de Cedre, & le prierent de l'allumer avec ses propres billets : cette générosité fut d'autant plus sensible à Charles-Quint, que c'étoit dans un temps où il avoit ses finances épuisées.

(F) L'Empire de la Chine nous donne un exemple frappant des progrès de l'Agriculture, lorsqu'elle est encouragée. La population, relativement à son étendue, y est prodigieuse. Cet

Etat n'a guere plus de 500 lieues de long sur 400 lieues de large ; & plusieurs Géographes s'accordent à dire qu'il a bien deux cens millions d'habitans; c'est presque autant que dans toute l'Europe. L'Empereur lui-même donne l'exemple aux Agriculteurs : tous les ans dans une Fête solemnelle, accompagné de ses fils, des Grands de sa Cour, & d'une centaine de Paysans, il laboure un champ de ses mains, & y seme du riz, du froment, des feves, & d'autre sorte de millet; aussi y voit-on les terres labourées jusques au sommet des montagnes.

(G) Les voitures d'eau ont toujours été regardées comme un avantage des plus précieux pour le Commerce. Les frais qu'entraînent nécessairement les voitures de terre, absorbent quelquefois au delà de la valeur intrenseque des marchandises, & elles ne se trouvent jamais si bien conditionnées ; aussi on peut remarquer que dans tous les Regnes les plus éclairés, on a travaillé à faire des canaux, & à rendre les Rivieres navigables. Tels furent les soins du Cardinal de Richelieu, qui fit construire le canal de Briare ; c'est aussi de son temps que fut conçu le projet du canal de Languedoc, qui joint l'Océan à la Méditerranée ; il le fit examiner avec la derniere précision, & la gloire de l'exécution fut réservée à Louis XIV, qui favorisoit tous les ouvrages utiles & dignes de lui ; & ce sont d'après les avantages qui résultent de la navigation, que se sont formés divers canaux, comme ceux de Bruges, Bruxelles, Orléans, &c.

Charlemagne devenu Empereur, forma un dessein qui devoit être des plus avantageux pour l'Allemagne, pays immense & très-abondant, où il n'y a point d'industrie faute de Commerce; c'étoit d'y joindre le Danube avec le Rhin, & frayer par ce moyen, un passage de l'Océan à la Mer Noire; il commença ce grand ouvrage, il y employa de savans Architectes & d'habiles Ingénieurs; mais il fut interrompu bientôt après. On assure cependant en avoir vu des vestiges au commencement du siecle dernier.

(H) Carthage comptoit dans ses murs près de 700 mille habitans, & sous sa domination près de 300 Villes, dont elle étoit la Métropole. Elle envoya des Colonies en Espagne, Sicile & Sardaigne; on croit même qu'ils percerent jusques dans l'Amérique; mais qu'ils ne voulurent point faire part de leur découverte, dans la crainte qu'on ne vînt à quitter l'ancienne patrie pour la nouvelle.

(I) A peine Louis XVI a-t-il saisi les rênes de la Monarchie, qu'il s'occupe de l'intérêt & du bonheur de ses peuples; le premier Edit qui émane de son cœur, porte avec lui ces expressions sensibles qui caractérisent la tendresse paternelle. Il remet à ses Sujets ses droits les plus légitimes pour son avénement à la Couronne. Son grand desir de faire le bien, lui fait employer tous les moyens qui peuvent le conduire à ses fins; & la seule inquiétude de son cœur est de ne pouvoir y parvenir avec assez de promptitude. La prudence & la justice sont les deux flambeaux qui éclairent ses pas ; ses premiers regards se fixent sur l'administration de ses Finances, il y apporte l'ordre & l'économie. Bientôt après il fixe son attention sur le Corps entier de la Magistrature, que son auguste Aïeul avoit été forcé de changer & de détruire. La Nation avoit perdu des Magistrats éclairés, élevés dès leur jeunesse dans le temple de la Justice, & qui par leur expérience lui devenoient utiles & nécessaires; notre jeune Monarque s'empresse de satisaire au vœu général de ſes peuples. Il rappelle ces anciens Magiſtrats, & en les rétabliſſant dans les Tribunaux, il leur preſcrit, par un Edit plein de ſageſſe, les bornes de leur pouvoir, & les devoirs limités de leurs fonctions. La poſtérité aura ſans doute de la peine à concevoir les triomphes que la Nation employa pour célébrer la rentrée de ces Magiſtrats. La nouveauté & les grands événemens inſpirent preſque toujours l'enthouſiaſme; & de quoi doit-on s'étonner, quand ce ſentiment a paſſé dans un peuple qui en eſt auſſi ſuſceptible que le Français? Cet événement qui, dans ſon principe, & ſous un Gouvernement foible & factieux, auroit pu cauſer les révolutions les plus funeſtes, n'a ſervi au contraire qu'à faire connoître, (avec tout l'éclat que les circonſtances rendoient néceſſaire) les véritables Loix de la Conſtitution Monarchique, où les Sujets ont uniquement l'avantage de la repréſentation, & non pas le droit de réſiſter. Cette déciſion devenoit d'autant plus importante, qu'on ſembloit n'en parler que comme d'un problême à réſoudre. Quel malheur n'auroit-t-on point à prévoir d'une Nation dont le Gouvernement ſeroit encore problêmatique! Louis XVI ne ceſſe de porter une main bienfaiſante ſur tous les points de l'adminiſtration, & dans les pénibles fonctions de la Royauté, il a cette douce ſatisfaction d'avoir fait le choix de Miniſtres pleins d'expérience & de vertus, qui ſecondent avec zele ſes travaux.

Fin des Notes.

INVE

V3

www.ingramcontent.com/pod-product-compliance
Lightning Source LLC
Chambersburg PA
CBHW050622210326
41521CB00008B/1351
* 9 7 8 2 0 1 9 5 6 7 1 2 5 *